LEGO LEGENDS OF CHIMA™

LES CROCODILES CONTRE LE MONDE

Titre Original : LEGO® Legends of Chima™. Crocodiles vs. the World
Titre : LEGO® Legends of Chima™. Les Crocodiles contre le Monde
Série : LNR
Numéro de produit : LNR-204
Lot : 01/FR

« Le traître et le piège », « Meilleurs ennemis » et « Le Coffre-fort » écrits par Greg Farshtey

Produced by AMEET Sp. z o.o. under license from the LEGO Group.

AMEET Sp. z o.o.
Nowe Sady 6, 94-102 Łódź
ameet@ameet.pl
www.ameet.pl

Traduction de l'anglais : Cédric Perdereau

15-27 rue Moussorgski
75895 Paris cedex 18
E-mail : huginn@huginnmuninn.fr
Site Internet : www.huginnmuninn.fr

www.LEGO.com

Veuillez conserver cette adresse en cas de besoin.
Please keep this address for future reference.

LEGO

LEGENDS OF CHIMA™

LES CROCODILES CONTRE LE MONDE

TABLE DES MATIÈRES

D'UNE BLAGUE À UN COMBAT	6
POUVOIR DÉCHAÎNÉ	8
LE TRAÎTRE ET LE PIÈGE	10
MACHINES DE GUERRE	18
CONNAÎTRE CHIMA	20
MEILLEURS ENNEMIS	22
CONNAÎTRE CHIMA	38
LES TERRES LOINTAINES	40
LES ANIMAUX LÉGENDAIRES	42
LE COFFRE-FORT	44
QUIZ SUR CHIMA	60
RÉPONSES	62

D'UNE BLAGUE À UN COMBAT

Il y a peu de temps, les tribus de Chima vivaient dans la paix et l'harmonie. Les animaux de toutes les espèces travaillaient et jouaient ensemble. Nous partagions tous équitablement le CHI, l'incroyable force vitale que ce monde nous a donnée pour grandir. Aujourd'hui, nous nous battons pour l'avoir…

Il est difficile de croire que tout a commencé par une plaisanterie innocente. Mon fils Laval et son meilleur ami Cragger, le prince Crocodile, se sont faufilés dans le Temple de la tribu Lion « juste » pour voir le Bassin Sacré de CHI. Mais Cragger a désobéi aux règles, et a sorti une sphère de CHI du Bassin. Alors, tout a dégénéré. Son premier contact avec la puissance du CHI a déclenché une cascade d'événements qui nous mène aujourd'hui au combat acharné entre les Crocodiles et les Lions.

Cragger et Laval sont à présent ennemis. Le jeune Crocodile est devenu le chef féroce de sa tribu, et veut contrôler tout le CHI de Chima. Il s'est allié avec les cruels Loups et les fourbes Corbeaux pour lancer une grande attaque contre la ville des Lions, et voler le CHI.

Moi, Lagravis, Roi des Lions, ai dû demander le renfort des Aigles et des Gorilles pour nous aider à repousser l'armée ennemie. En tant que Gardiens du CHI, nous devons le protéger contre les avides Crocodiles, pour sauver tout Chima !

POUVOIR DÉCHAÎNÉ

Le CHI peut être utilisé par n'importe quelle créature bipède qui en a l'âge. Cette règle ne souffre pas d'exception, car le pouvoir du CHI est trop puissant pour les jeunes. Il peut leur faire du mal.

La plupart des habitants de Chima portent une armure conçue pour accueillir une sphère de CHI. Une fois logé là, le CHI donne à son utilisateur un élan d'énergie qui augmente ses instincts, sa force, sa vitesse et sa résistance. En même temps, une lueur géante du guerrier intérieur de cette créature apparaît. Ce « guerrier ultime » représente la grande puissance animale que ressent celui qui utilise CHI.

Cet instant ne dure que quelques fractions de seconde, et le guerrier conserve ce pouvoir pendant plusieurs heures, mais se sent très fatigué après. Voilà pourquoi on n'utilise pas les cristaux de CHI trop souvent… sauf au combat. Alors les guerriers utilisent beaucoup de CHI, et essaient d'obtenir le plus de cristaux de remplacement possible.

Il est triste qu'une grande partie de cette merveilleuse énergie vitale soit gâchée sur les champs de bataille de nos jours…

LE DÉFI DE LAGRAVIS

La lueur du « guerrier ultime » dépend de la couleur de la sphère de CHI insérée dans l'armure. Vrai ou faux ?

LE TRAÎTRE ET LE PIÈGE

— Je veux voir Longtooth ! rugit Laval. Je sais qu'il est là !

Cragger ne parvient pas à retenir un sourire tout en dents. Voir un Lion arriver dans son marais avec un drapeau de négociation, c'est étonnant. En voir un deuxième le même jour, c'est très amusant.

— Longtooth ? Ah oui, je crois que je l'ai vu… il se faisait lustrer la fourrure, je crois, répond Cragger.

— C'est un traître envers sa tribu, dit Laval. Il a laissé un mot ce matin, où il disait que tu avais raison, et que les Crocodiles devraient contrôler le CHI. Et après, il a disparu… et emporté les plans du Temple de la tribu Lion ! Je sais qu'il est venu ici.

À ce moment, Longtooth arrive. Il a l'air heureux et bien nourri.

— Salut, Laval, je savais que tu finirais par venir ici. Mais je ne rentrerai pas avec toi chez les Lions. Je veux être dans le camp des vainqueurs.

Cragger se tient entre les deux Lions, et regarde l'un puis l'autre avec un grand sourire. Il n'aime rien de plus que de voir des Lions se disputer entre eux.

— Les Crocodiles ne gagneront jamais ! dit Laval.

— Tu plaisantes ? répond Longtooth. Ils ont une nouvelle arme sur le bateau de Cragger, avec laquelle ils pourraient gagner toute cette guerre dès demain !

Laval tape de la patte sur un rocher.

— Oh, alors tu as peur d'une légende des marais, hein ? Je suis sûr qu'ils ne te l'ont même pas montrée, cette arme.

— Je n'ai peur de rien. Mais quand je vois qu'ils ont déterré un élément rare pour faire un énorme aimant à CHI,

ça m'intéresse. Tu sais, tout le monde dans le marais sait qu'ils vont s'en servir pour capturer tout le CHI.

— Tout le monde dans le marais va t'entendre crier, aussi, grogne Laval.

Longtooth montre les crocs. Laval charge, et manque de faire tomber Cragger pour se jeter sur Longtooth.

— Traître !

Les deux Lions crient et grognent, et commencent à se rouler dans la boue. Cragger n'a pas vu un aussi beau combat de Lions depuis longtemps. Crug et Crawley essaient de les séparer, mais Cragger les arrête.

— Laissez-les faire. Il était temps que quelqu'un remette Laval à sa place, et notre nouvel ami Longtooth a l'air capable de s'en charger.

Laval et Longtooth se jettent par terre, renversent des marmites de soupe, des armures, et plein d'exemplaires de *Comment rester allongé dans la boue en dix leçons faciles*. Les Crocodiles se poussent pour éviter les coups de griffes entre le Prince des Lions et le guerrier.

Tout ce bruit réveille Crooler. Elle rejoint Cragger, Crug et Crawley.

— Que se passe-t-il ? demande-t-elle.

Cragger lui explique rapidement que Longtooth a rejoint la tribu Croco le matin même, et leur a remis les plans du Temple de la tribu Lion. Et maintenant, Laval se bat contre lui. Quand il a fini de parler, Crooler lui dit :

— Il a apporté les plans du temple ? Fais voir.

Cragger lui tend un parchemin roulé.

— C'est un dessin du temple, avec toutes sortes de notes sur les côtés.

Crooler déroule le parchemin. Un instant plus tard, elle ouvre grand les yeux.

— Tu as lu les notes ?

Cragger, toujours occupé par le combat, répond :

— J'allais les lire quand Laval est arrivé.

— Eh bien, dit Crooler. Celle-ci dit « C'est là que les Crocodiles se font dérouiller ». Et là, « Si vous lisez ça, un grand merci de la part de Laval ».

— Comment ? s'étonne Cragger en prenant la carte. Qu'est-ce que ça veut dire ?

— Ça veut dire que tu as laissé deux Lions entrer dans notre camp, et qu'ils sont en train de tout casser ! crie Crooler. Et ils vont droit vers… oh, non !

Oh, si. La bataille entre les deux Lions les a emmenés à côté du bateau de Cragger. Longtooth attrape Laval et le lance sur le pont du bateau, juste à côté de l'aimant à CHI. Longtooth saute le rejoindre, et ils percutent l'aimant. Le cadre en bois se casse. Quelques coups de plus, et toute la structure explose et coule au fond du marais.

Laval attrape la main de Longtooth pour l'aider à se relever.

— Ça te suffit ?

— Pas vraiment, répond Longtooth. Mais l'arme est irrécupérable… et je pense qu'on le sera bientôt.

Les Crocodiles, menés par Cragger, courent vers le bateau de commandement. Laval éclate de rire et leur fait signe de la main.

— On nous avait dit que vous aviez une nouvelle arme, mais on ne savait pas comment approcher assez près pour la détruire. Alors merci d'avoir invité Longtooth, Cragger !

Sur ce, les deux Lions descendent du bateau et courent aussi vite qu'ils peuvent dans la jungle. Derrière, ils entendent des Crocodiles très, très en colère. Au bout d'un moment, Laval et Longtooth rient trop fort pour continuer à courir. Alors ils s'arrêtent pour reprendre leur souffle.

— La prochaine fois, c'est toi le traître, dit Longtooth.

Laval s'ébroue, et projette de la boue tout autour de lui.

— La prochaine fois, on se bat dans un endroit moins boueux. Tu sens le Lion mouillé, tu sais.

— Tu sens encore plus mauvais.

— Tu tapes comme un bébé Crocodile, plaisante Laval en éclatant de rire.

— Tu sais de quoi tu parles… Il y en a un qui t'a battu, un jour, non ? répond Longtooth.

Et les deux amis font la course jusqu'à leur camp.

MACHINES DE GUERRE

Depuis que les animaux qui habitaient Chima se sont changés en bipèdes intelligents, ils ont perdu une grande partie de leurs capacités d'origine, comme leur vitesse ou leur force. Voilà pourquoi ils ont développé des technologies de plus en plus pointues.

Les premières machines de Chima étaient les Speedorz™, des véhicules populaires à une seule roue, qu'on utilise encore de nos jours. Bientôt, chaque tribu possède ses propres véhicules pour traverser la jungle, les marais, escalader les arbres ou voler dans le ciel, plus facilement ou plus vite que par leurs propres moyens. De solides camions tout-terrain rugissent sur les routes, des bateaux silencieux fendent les eaux de Chima, et des avions à réaction pointus survolent les nuages.

Toutes ces constructions incroyables utilisent le CHI comme source d'énergie. À l'origine conçus pour faciliter la vie de leur propriétaire, ils servent aussi de transport, d'outils de travail ou d'amusement. Personne n'aurait pu imaginer qu'ils seraient un jour blindés et équipés de canons pour servir au combat.

CONNAÎTRE CHIMA

Les Lions sont la deuxième tribu la plus moderne de Chima, après les Aigles. Nos véhicules sont solides, résistants et aussi efficaces au quotidien qu'au combat. Mais d'autres tribus de Chima ne sont pas moins fières de leur technologie.

Les avions élégants et immaculés des Aigles ne sont fabriqués qu'avec les métaux les plus délicats. Les ingénieurs des Aigles peuvent extraire l'énergie du CHI dans des réacteurs presque silencieux, qui en font l'espèce volante la plus rapide de Chima.

Les véhicules des Loups sont construits pour rester maniables même en terrain difficile. Leur suspension est souple, ils ont de gros pneus et des bords tranchants pour se tailler un chemin dans la forêt… et rester toujours en mouvement. Toutes les éraflures qu'ils récoltent en chemin restent en l'état : les Loups aiment que leurs véhicules aient l'air abîmés.

Les avions des Corbeaux ont l'air lourd et maladroit, mais sous toute la ferraille que les pilotes attachent à leur appareil, ils ont un engin sophistiqué et bien construit. Certains battent des ailes pour voler, ou utilisent de grosses hélices. Celles-ci reçoivent le vent généré par l'étrange façon dont les Corbeaux utilisent le CHI.

Construits à l'image de leurs propriétaires, les robots géants des Gorilles sont d'une agilité et d'une rapidité étonnantes. Ils se balancent facilement de liane en liane, escaladent les arbres les plus hauts ou rivalisent de vitesse avec n'importe quel véhicule. Fabriqués en métal noir et en bois très dur, ces véhicules sont les machines de guerre les plus puissantes de tout Chima.

Les véhicules des Crocodiles sont longs, bas et faits pour se faufiler et rôder dans l'obscurité ou les profondeurs du marais. Grâce à leur structure légère, ils flottent naturellement, mais peuvent aussi plonger en silence sous la surface, et se déplacer très rapidement sur la terre ferme. On ne sait pas en quel matériau ils sont faits.

Le défi de Lagravis

De toutes les tribus de Chima, seul les Crocodiles se soucient de la propreté de leurs véhicules. Vrai ou faux ?

MEILLEURS ENNEMIS

Je suis vraiment dans le pétrin, cette fois, se dit Eris. *Je l'ai bien cherché... mais comment faire pour m'en sortir ?*

Eris était partie chercher la ration mensuelle de CHI et la rapportait au nid quand elle a entendu la voix de Laval appeler à l'aide. Elle s'est précipitée à son secours... mais Worriz et Cragger l'ont prise en embuscade ! Ils ont volé son CHI et l'ont jetée dans une petite cage en bois. Elle est prise au piège !

Ses deux geôliers la transportent dans toute la forêt, suspendue à un bâton qu'ils ont passé entre les barreaux de sa cage. Ils se dirigent vers le marécage. D'après ce qu'ils disent, ils veulent demander une rançon : les Aigles devront leur donner tout leur CHI des trois prochains mois pour récupérer Eris.

— Bien joué, Worriz, dit Cragger.

— Le petit oiseau ne savait pas que je pouvais imiter la voix de Laval, se moque Worriz. Dommage pour elle. Ce n'est pas parfait, mais ça suffit à la berner.

Eris a envie de le gifler, mais elle sait que ça ne sert à rien d'être en colère ou d'avoir peur. Elle doit rester calme et trouver un moyen de s'enfuir pour récupérer le CHI. Cragger le porte dans une bourse, à sa taille. La porte de la cage est fermée avec du fil de fer, et Eris est sûre

de pouvoir l'ouvrir, si elle a le temps. Mais Worriz et Cragger la surveillent tout le temps. Elle doit détourner leur attention.

Quand ils l'ont capturée, elle n'a réussi à ramasser que quelques graviers. Elle attend un instant où personne ne la regarde, et lance un gravier dans la forêt. Il percute un arbre, avec un bruit sec.

— C'était quoi, ça ? demande Cragger.

— Rien, répond Worriz. Les arbres, ça fait du bruit.

À la prochaine occasion, Eris lance un autre gravier. Cette fois, il fait encore plus de bruit.

— Je pense qu'il y a quelqu'un, dit Cragger.

— C'est sans doute Laval, propose Eris. Peut-être qu'il n'a pas aimé l'imitation de Worriz.

— Va voir qui c'est, ordonne Cragger.

Worriz regarde Cragger d'un air énervé, mais il y va. Dès qu'il est parti, Eris dit tout bas :

— Je suis étonné que tu le laisses parler de toi comme ça.

— Silence, dit Cragger.

— Comme tu voudras, dit Eris en haussant les épaules. Moi, je ne laisserais pas quelqu'un dire des choses comme ça à propos de moi.

Cragger tourne la tête.

— Qu'est-ce qu'il a dit ?

— Tu n'as pas entendu ? s'étonne Eris en riant. Tu dois avoir trop d'eau dans les oreilles.

— Dis-le moi ! insiste Cragger.

— Oh, c'était trois fois rien. Il a juste marmonné que tu es si bête que tu ne pourrais pas trouver ta bourse à CHI même avec une torche, une carte et une pelote de ficelle.

— Quoi ! hurle Cragger. Oh le…

— Ne te fâche pas, dit Eris. Tout le monde sait à quel point les Loups respectent les Crocodiles. Où seraient-ils, sans vous ?

— C'est vrai, ça, approuve Cragger.

— Bien sûr, ils veulent contrôler le CHI, eux aussi, mais ils ne se seraient jamais révoltés contre les Lions. Ils ont attendu que vous le fassiez, comme ça si ça se passe mal, ils pourront dire que c'est de votre faute. Après tout, c'était votre idée d'exiger tout le CHI… pas l'idée de la meute. Ça aussi, tout le monde le sait.

Worriz choisit ce moment pour revenir.

— Je n'ai rien vu, et... qu'est-ce qui t'arrive ?

Cragger va se planter devant le Loup, jusqu'à ce qu'ils soient nez à nez.

— Peut-être que tu avais besoin d'une torche et d'une carte. Maintenant, c'est moi qui vais aller voir, et moi, je vais trouver Laval. Toi... reste là, je déciderai plus tard comment je vais m'occuper de toi.

Sur ces mots, Cragger part dans la jungle. Worriz le regarde partir en secouant la tête.

— Il doit y avoir un truc bizarre dans l'eau de ce marais où il patauge toute la journée.

— Non, dit Eris. Il ne s'attendait pas à ce que tu reviennes, c'est tout.

— Hein ? s'étonne Worriz.

— Ben non, renchérit l'Aigle. Il vient de me dire « Laval pourrait battre Worriz les deux pattes dans le dos et avec un sac sur la tête ». Il se disait que pendant que Laval te réglerait ton compte, il aurait le temps de me ramener dans le marais.

— Il ne ferait pas ça, répond Worriz. (Puis il y réfléchit un moment.) Pas vrai ?

— Une fois que tu serais parti, quelqu'un d'autre serait devenu chef de la Meute, continue Eris. Quelqu'un que Cragger pourrait faire obéir plus facilement, peut-être.

— Quelqu'un que Cragger pourrait..., répète Worriz.

— Et après, tiens, les Loups s'installeront en lisière du Marais, et répéteront toute la journée « Oui, monsieur Cragger », et « Comme vous voulez, monsieur Cragger ».

Mais ça ne se passera sans doute pas comme ça, le rassure Eris. Après tout, vu tout ce que les Crocodiles vous feront faire, vous serez trop épuisés pour travailler. À courir dans toute la forêt, pour essayer de prendre les Lions et les Gorilles en embuscade… Je ne sais pas comment vous faites pour tenir le coup. Les Aigles ne pourraient jamais faire tout ça… et les Crocodiles non plus. Heureusement que vous êtes là !

Worriz gronde, tout bas. Au même moment, Cragger revient de la forêt. Il a toujours l'air en colère.

— Je n'ai rien vu, dit le Crocodile. À force de tourner en rond, tu as dû lui donner l'occasion de se cacher. Repartons avant que ses amis nous tombent dessus.

— Tu aimes bien donner des ordres, hein ? dit Worriz.

— Il faut bien que quelqu'un prenne des décisions, riposte Cragger.

Les dix minutes suivantes se passent dans un silence tendu. Worriz est devant et Cragger derrière. Pendant qu'ils piétinent les feuilles, Eris se penche contre l'arrière de la cage et dit :

— Pssst !

Cragger la regarde. Eris lève le pouce pour indiquer derrière elle.

— Fais attention. Worriz vient de dire que s'il sent des Lions arriver derrière vous, il ne dira rien.

Le Crocodile se retourne aussitôt pour regarder par-dessus son épaule. Au même moment, Eris lance ses deux derniers graviers dans les bois. Le Crocodile et le Loup sont tous les deux si surpris qu'ils lâchent la cage.

— Bon, cette fois, c'est sûr, il y a quelqu'un, dit Worriz.

— Je croyais que les Lions ne pourraient pas s'approcher sans que tu les sentes, se moque Cragger.

— Ce serait vrai, si tu sentais moins l'eau croupie, répond Worriz.

— Va voir qui nous suit, ordonne Cragger.

— Oh, ça t'arrangerait bien, hein ? répond Worriz. Pourquoi tu ne vas pas voir toi-même ?

— Très bien, dit Cragger, on va y aller tous les deux. Eris ne risque pas de s'en aller. Passe devant.

Worriz, qui était déjà parti vers la forêt, s'arrête net.

— Je ne veux plus te tourner le dos. Toi, passe devant.

— Pourquoi vous n'y allez pas côte à côte ? suggère Eris.

Le Loup et le Crocodile essaient, mais se retrouvent coincés entre deux gros arbres. Après beaucoup d'efforts et de grognements, ils parviennent à se libérer et repartent vers la forêt.

Eris travaille le plus vite possible. Elle défait rapidement le fil de fer, puis l'enroule plus ou moins pour qu'il ait encore l'air en place. Elle pourrait partir, mais elle a besoin de reprendre le CHI. Et elle sait exactement comment le récupérer.

Worriz et Cragger se disputent encore quand ils reviennent. Une fois de plus, ils n'ont pas trouvé de Lion. Ils sont frustrés et en colère.

— Oh, vous n'êtes que tous les deux, s'étonne Eris. Ils ne vous ont pas trouvés ?

— Qui ça ? demande Cragger. De qui tu parles ?

— Crawley et Crug, répond Eris. Ils ont dit qu'ils devaient te retrouver ici au cas où Worriz... oups, je devrais me taire. Enfin, ils te cherchent dans la forêt. Wilhurt et Windra aussi, d'ailleurs. Ils sont arrivés juste après.

Cragger et Worriz se regardent en face, méfiants. Ils ont oublié leur victoire, la capture d'Eris et leur plan de l'échanger contre le CHI des Aigles. Ils sont tous les deux concentrés sur l'autre, et sur la trahison qu'il prépare peut-être.

— Allons, du calme, dit Eris. Je suis sûre que ça ne voulait rien dire, toutes ces cordes que les Loups portaient...

et le gros sac des Crocodiles, c'était sans doute pour ramasser des feuilles et des pommes de pin. Les Crocodiles adorent faire de la déco !

— Qu'est-ce que tu mijotes, tête d'écailles ? demande Worriz.

— Moi ? Et toi ? riposte Cragger.

— Sale reptile !

— Sac à puces !

Ils sont si décidés à se disputer qu'ils ne remarquent pas Eris qui sort de sa cage. D'un geste rapide, elle attrape le sac à CHI et s'envole.

— À plus tard, les gars ! crie-t-elle avec joie.

— Eh, dit Cragger. Tu l'as laissée partir !

— N'importe quoi ! C'est toi ! dit Worriz. Tu étais trop occupé à te demander par qui tu me remplacerais !

Le visage de Cragger passe rapidement de la colère à la confusion.

— Te remplacer ? Je ne veux pas te remplacer ! Qui dirigerait la meute ? C'est toi qui me prends pour un mauvais chef.

— Quoi ? Je n'ai jamais dit ça, dit Worriz tout aussi perdu.

— Mais Eris a dit..., expliquent le Loup et le Crocodile en même temps.

Puis ils regardent tous les deux en l'air. Eris a presque disparu. Worriz commence à rire. Au bout d'un moment, Cragger rit aussi. Très vite, ils pleurent de rire tous les deux, en comprenant comment l'Aigle les a ridiculisés.

— Elle est maligne, hein, dit Worriz.

— Oui, elle est terrible, confirme Cragger. La prochaine fois, il faudra lui attacher le bec.

— On pourra se boucher les oreilles et crier très fort pour ne pas l'entendre, aussi, suggère Worriz.

Cragger hoche la tête.

— Bonne idée, Worriz. Bonne idée.

CONNAÎTRE CHIMA

Les tribus de Chima vivent au même endroit que nos ancêtres : autour du Mont Cavora qui remplit le Bassin Sacré de CHI. Mais il existe bien des endroits mystérieux à Chima, des endroits que nul n'a explorés complètement.

La Forêt errante

La forêt se déplace, pendant la nuit. Ses arbres utilisent de longues « racines aériennes » qui s'étendent depuis le tronc puis s'enfoncent dans la terre afin de traîner l'arbre en avant. Le mouvement est si lent qu'il est presque imperceptible, mais toute la forêt peut se « déplacer » de 70 mètres en une nuit.

La Jungle basculée

La plupart des arbres poussent vers le soleil. Les arbres de la Jungle basculée poussent dans toutes les directions : y compris sur le côté et vers le bas. C'est un endroit très dangereux, car les arbres peuvent basculer sans prévenir et des branches peuvent tomber du ciel.

La Brume de l'oubli

Un brouillard épais émane des jungles de Chima et peut se répandre partout dans le Royaume. Une fois dans ce nuage épais, on oublie immédiatement toutes ses peurs, et on en sort changé à tout jamais. Si l'on en sort…

Le Ravin aux échos

Un passage étroit et humide qui offre un raccourci dans les dangereuses montagnes du nord. Il peut permettre de réduire le temps de voyage de trois jours, mais peu de voyageurs s'y aventurent, car tous les secrets révélés dans le Ravin laissent à jamais un écho entre ses parois rocheuses.

La Clairière larmoyante

C'est le seul endroit de Chima où la pluie tombe à l'envers. La goutte d'eau s'élève depuis le sol et part vers le ciel. On raconte que cet endroit envoie toute la tristesse de la terre vers le ciel. Les visiteurs piégés dans la « pluie inversée » de cette charmante clairière sont souvent pris de mélancolie.

Le Rocher éternel

Réputée comme la plus ancienne pierre de tout Chima, elle serait tombée du Mont Cavora lui-même. Les enfants viennent y jouer depuis des siècles. Beaucoup y ont gravé leurs initiales. Et malgré tous ceux qui l'ont fait, on trouve toujours de la place pour d'autres marques, comme par magie.

Le défi de Lagravis

Quand Laval et Cragger étaient encore amis, ils jouaient dans leur endroit préféré de Chima, la Jungle basculée. Vrai ou faux ?

LES TERRES LOINTAINES

De loin, les Terres Lointaines semblent enveloppées d'un épais brouillard. D'étranges bruits résonnent dans la brume, et l'on voit parfois passer la silhouette de créatures inconnues. Cette terrible zone interdite au bord de Chima serait remplie de dangers inimaginables. Même les plus grands guerriers redoutent de s'aventurer dans les Terres Lointaines. Cette région est une jungle sombre et tortueuse, baignée de brume, qui cache des lacs toxiques et des Plantes prédatrices carnivores. Ces plantes ont évolué à cause d'une petite quantité de CHI qui arrose cette forêt par des sources souterraines. Elles ont absorbé cette énergie vitale par leurs racines, mais ne sont pas devenues intelligentes comme les premiers animaux qui ont bu l'eau chargée de CHI. Elles ont simplement développé une force et un instinct de prédateur. Les feuilles des Plantes prédatrices peuvent attaquer, et leurs racines leur permettent de se déplacer. Elles représentent un danger constant pour les rares courageux qui s'aventurent là. Mais nul ne sait quels autres dangers peuvent rôder dans ce territoire inquiétant...

LES ANIMAUX LÉGENDAIRES

Quand les eaux chargées de CHI ont coulé depuis le Mont Cavora et rempli les rivières de Chima, certains animaux les ont bues, et sont devenus des créatures plus complexes, conscientes. Il s'agit de nos ancêtres, qui ont formé par la suite les tribus, et ont commencé à développer la technologie et à construire des structures incroyables.

Mais quelques-unes des premières créatures de Chima, les animaux à quatre pattes, n'ont jamais évolué. D'après la légende, elles craignaient qu'un niveau « supérieur » d'existence apporte sa part de problèmes. Ces animaux, venus de plusieurs espèces, ont choisi de rester « purs ». Au lieu de boire les eaux magiques, ils sont partis dans les Terres Lointaines, et n'en sont jamais revenus.

Dans l'actuel Royaume de Chima, on appelle ces créatures les Animaux Légendaires. La plupart des habitants « civilisés » de Chima ne croient même pas à leur existence. Une autre histoire raconte que les Animaux Légendaires restent miraculeusement insensibles aux forces obscures des Terres Lointaines. Un jour, lorsque Chima sera en danger, ils reviendront la sauver…

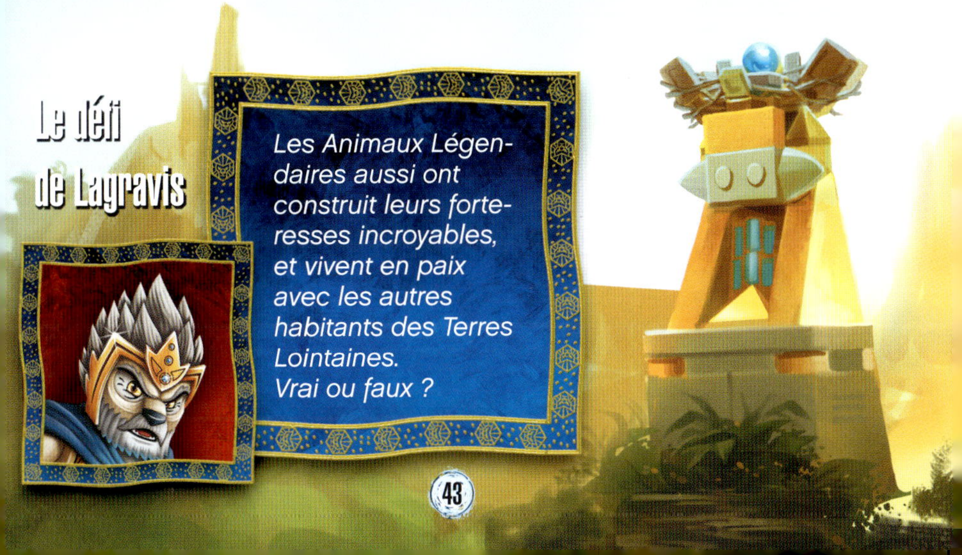

Le défi de Lagravis

Les Animaux Légendaires aussi ont construit leurs forteresses incroyables, et vivent en paix avec les autres habitants des Terres Lointaines. Vrai ou faux ?

LE COFFRE-FORT

— Longtooth ! Réveille-toi !

Le guerrier vétéran se réveille en sursaut.

— Je ne faisais pas la sieste, insiste-t-il. Je me… reposais les yeux, c'est tout.

Léonidas est debout devant Longtooth et le secoue pour le réveiller.

— On m'a envoyé te chercher et… et… euh…

Longtooth soupire. Ce n'est jamais une bonne idée d'envoyer Léonidas faire deux choses à la fois. Il se rappelle encore la fois où Laval lui avait dit de « rester là et de se battre ». Deux jours plus tard, Léonidas n'avait toujours pas bougé.

— On nous attaque ?

— Non, dit Léonidas. Ce n'est pas ça.

— Quelqu'un a volé tout le CHI ? demande Longtooth.

— Non, personne n'a volé le CHI, répond Léonidas. Quel est le problème ?

— Réfléchis ! s'énerve Longtooth. C'est Laval qui t'envoie me chercher ?

— C'est ça ! s'écrie Léonidas. Laval ! Le CHI ! Laval est coincé dans la salle forte avec tout le CHI !

Longtooth se lève lentement. Il regrette déjà la sieste qu'il ne pourra pas finir. Mais on dirait un vrai problème.

Tandis que les deux Lions se dirigent vers l'autre bout du camp, Longtooth se rappelle comment l'histoire de la salle forte a commencé. Avec toutes les attaques des Loups et des Crocodiles, Laval a commencé à se demander comment protéger le CHI. Il a demandé aux Aigles de construire une salle forte dans le camp des Lions, pour entreposer tout le CHI. Une salle forte assez solide pour que Cragger et son équipe ne puissent pas entrer.

Les Aigles ont travaillé pendant deux mois dans une caverne, à l'autre bout du camp. Ils ont fini la veille. Laval avait très envie d'aller voir, mais son père Lagravis lui a demandé d'attendre que les Aigles leur aient donné les plans, pour voir comment la salle forte fonctionne.

— Et que s'est-il passé ? demande Longtooth.

— Laval m'a dit qu'il allait essayer la salle forte, quoi qu'en dise son père, répond Léonidas. Mais il n'est pas ressorti !

Longtooth sait que le mieux à faire serait de contacter les Aigles. Après tout, c'est eux qui ont construit la salle forte. Mais Laval pourrait avoir un vrai problème. Il faut l'aider tout de suite !

— Allez, on va le sortir de là, dit le vétéran.

— Entendu, répond Léonidas. Nous sommes des Lions ! Peu importe le nombre de pièges que les Aigles ont inclus dans cette caverne.

— C'est ça. Bien sûr, répond Longtooth.

Il est courageux et féroce, mais le mot « piège » réveille toutes sortes de douleurs dans son corps. Il espère que, juste une fois, les Aigles auront bâclé le travail.

Torches en main, les deux Lions s'enfoncent dans la caverne. Ils n'ont fait que quelques pas quand Léonidas s'arrête.

— Eh, regarde ! Je ne savais pas qu'on pouvait faire pousser de l'herbe dans une caverne.

— De l'herbe dans… ? s'étonne Longtooth.

Avant que Longtooth ait pu l'arrêter, Léonidas court vers l'herbe au milieu du tunnel. Dès qu'il pose une patte sur le gazon, le sol s'ouvre sous lui : l'herbe cachait une fosse ! Longtooth se jette en avant et rattrape Léonidas avant qu'il tombe.

— Des pièges, tu te rappelles ? demande Longtooth. Je suis à peu près certain que ce ne sera pas le dernier.

Les deux Lions reculent de quelques pas, prennent de l'élan et sautent de l'autre côté de la fosse. Ils continuent à marcher, jusqu'à une partie beaucoup plus large de la caverne. Sur la portion gauche du sol de pierre se trouve une liane, qui se termine par une boucle. La liane remonte vers le plafond.

— Bon, là, ça se voit un peu trop, dit Longtooth. On pose le pied dans la boucle, et on se retrouve suspendu par le pied. Alors il suffit de faire le tour.

Longtooth avance de quelques pas sur la droite de la boucle. Au moment où il arrive à la hauteur de la boucle, le sol s'enfonce de quelques centimètres sous son pied. Une grosse plaque de pierre s'avance rapidement depuis le mur, assez grosse pour l'écraser contre la paroi opposée.

— Par ici ! crie Léonidas.

Il attrape Longtooth et le tire vers le centre de la boucle. La liane remonte et se resserre autour de leur taille, et les emmène vers le plafond au moment où le bloc de pierre s'écrase en face.

— Tu as raison, dit Léonidas. C'était vraiment évident : on était censé marcher dedans, pour se faire soulever jusqu'au plafond. C'est ça ?

— Euh, oui, répond Longtooth. Je voulais juste te montrer pourquoi on avait besoin de monter au plafond.

La liane les redescend doucement jusqu'au sol. Longtooth et Léonidas se libèrent et recommencent à marcher. Longtooth commence à guetter le prochain piège avec plaisir. Les Aigles aiment jouer au plus malin, et tout ça ressemble beaucoup à un défi.

Ils avancent de quelques pas quand Léonidas remarque quelque chose.

— Il y a un tas de CHI contre le mur. C'est peut-être Laval qui l'a fait tomber. À moins que ce soit encore un piège ?

Longtooth réfléchit. C'est vrai, ça a tout l'air d'un piège, mais la dernière fois, le piège n'en était pas un. Alors peut-être qu'il ne risque rien… ou alors, les Aigles veulent

qu'il se croie en sécurité... mais ils savent qu'il sera persuadé que c'est un piège... alors c'est peut-être sans risque. Il commence à avoir mal au crâne.

Il s'agenouille pour examiner le CHI. Au même moment, l'une des sphères est lancée en avant vers sa tête. Il s'écarte, et la sphère va percuter le mur derrière lui.

— Ce n'est pas du CHI ! dit Longtooth. C'est un rocher peint pour ressembler à du CHI.

— Oh, il y a des cailloux de CHI, maintenant ? crie Léonidas. Super !

D'autres rochers volent vers les deux Lions, grâce à une catapulte miniature cachée derrière le tas.

— Cours, Léonidas ! crie Longtooth tandis qu'ils se précipitent dans le tunnel pour éviter les cailloux.

Devant, un filet collant pend du plafond. Les deux Lions roulent au sol et passent sous le filet. Heureusement qu'ils ne se relèvent pas tout de suite : juste après le filet, des pointes de pierre commencent à jaillir des murs au-dessus de leur tête.

— Tu es sûr que ce sont des Aigles qui ont fabriqué tout ça ? grogne Longtooth. Je croyais qu'ils étaient dans notre camp.

Les Lions rampent jusqu'à ce qu'ils n'entendent plus de fléchettes au-dessus d'eux. Longtooth s'assied contre le mur, épuisé. Léonidas, lui, a l'air plein d'énergie.

— Je ne sais pas jusqu'où il va falloir aller, dit Longtooth. Il pourrait y avoir des dizaines de pièges entre nous et la salle forte. Si ça se trouve, on est assis en plein milieu d'un piège. Alors pourquoi tu n'as pas l'air inquiet ?

Léonidas hausse les épaules.

— Je prends les problèmes un par un. J'ai essayé de les prendre deux par deux, mais je m'y perds un peu. Et tu te rappelles ce qui s'est passé quand j'ai voulu les prendre quatre par quatre ?

Longtooth grimace. Oui, il s'en souvient. Il avait fallu une semaine pour tout nettoyer, et tout le monde avait la fourrure pleine d'eau du marais.

Ensemble, les deux Lions se remettent à marcher. Ils s'arrêtent devant une grande porte en bois, avec un gros cadran au centre et une poignée à droite. C'est sans doute la porte de la salle forte.

Longtooth essaie aussitôt plusieurs combinaisons, mais aucune ne fonctionne. Il s'énerve un peu. Les minutes passent, puis une heure, tandis qu'il essaie de résoudre cette nouvelle énigme. Quand Léonidas lui suggère de faire une pause, Longtooth lui répond avec humeur qu'il va y arriver.

Léonidas attend que Longtooth s'arrête un instant. Puis il tend la main, tourne la poignée et ouvre la porte.

— Quand ça ressemble à un piège, ce n'en est pas un, explique Léonidas. Quand ça a l'air sans danger, ça ne l'est pas. Alors je me suis dit que ce qui avait l'air d'une porte fermée… n'en était pas une.

— Et les Aigles se sont dit qu'une fois arrivé ici, on serait tellement en colère qu'on passerait des heures à chercher une combinaison qui n'existe pas, ajoute Longtooth.

Juste derrière, ils se retrouvent face à une autre porte, exactement comme la précédente. La seule différence, c'est qu'autour du cadran, il y a des lettres au lieu de chiffres. Au cas où, Longtooth appuie sur la poignée. Cette porte-là est bien verrouillée.

— Je peux essayer ? demande Léonidas.

— Bien sûr, répond Longtooth.

Léonidas commence à utiliser le cadran pour épeler tous les mots pertinents auxquels il peut penser : Laval, Lion, CHI, Chima, et même salle forte. Aucun n'est la bonne combinaison.

— Eh bien, ce n'est pas facile, finit-il par dire. Laval ne voulait vraiment pas que les Crocodiles puissent entrer.

Longtooth sourit.

— Léonidas... rien n'est comme on s'y attend, ici. Réfléchis. Si tu voulais une combinaison à laquelle aucun Crocodile ne pensera jamais dans le camp des Lions, qu'est-ce que tu choisirais ?

Léonidas réfléchit un moment. Puis il tourne le cadran pour épeler : C-R-A-G-G-E-R.

La porte s'ouvre. Laval se tient en plein milieu de la salle. Il fait un grand sourire en les voyant.

— Enfin ! crie-t-il avec plaisir.

— Tout va bien ? demande Léonidas.

— Eh bien, avec tous ces pièges, je n'étais pas certain que quelqu'un arriverait à me faire sortir, dit Laval. J'aurais sans doute dû écouter mon père.

— Ça aurait été une bonne idée, admet Longtooth.

— Mais tu sais, dit Laval en leur passant un bras sur les épaules, j'ai deux Lions dans ma tribu qui sont assez intelligents et courageux pour me sortir de là. Alors oui, ça va. Et merci, les amis. Allons voir s'il y a d'autres pièges pour sortir d'ici.

QUIZ SUR CHIMA

Maintenant que tu as découvert de nombreux secrets sur Chima et ses habitants, il est temps de tester ta mémoire. Choisis la bonne réponse pour chacune de ces questions.

1. Quelle tribu est Gardienne du CHI ?
   a) Les Crocodiles
   b) Les Lions
   c) Les Corbeaux

2. Qu'est-ce qui a causé le conflit entre les Crocodiles et les Lions ?
   a) Le vol d'un cristal de CHI par le prince des Crocodiles.
   b) L'amitié entre Cragger et Laval.
   c) La répartition inégale du CHI entre les tribus.

3. De quelle couleur peut être la lueur intérieure d'un guerrier ?
   a) Noire ou blanche
   b) Rouge ou bleue
   c) Rouge ou noire

4. Pourquoi les véhicules des Loups sont-ils rayés et cabossés ?
   a) Parce que les Loups sont mauvais mécaniciens.
   b) Parce que les Loups aiment l'air que ça donne à leurs véhicules.
   c) Parce que ce serait trop cher de les réparer.

5. Quand la Forêt errante se déplace-t-elle ?
a) Au printemps
b) Après le petit déjeuner
c) La nuit

6. Que fait oublier la Brume de l'oubli ?
a) Ton nom et ton adresse
b) Tes peurs
c) Tes meilleurs amis

7. Quelles créatures ne vivent pas dans les Terres Lointaines ?
a) Les Plantes prédatrices
b) Les Animaux Légendaires
c) Les gardiens du CHI

8. Quels ont été les premiers véhicules de Chima ?
a) Les Mechagorillaz géants en bois
b) Les Bicyclorz à deux roues
c) Les Speedorz à une roue

9. Que raconte-t-on sur les Animaux Légendaires ?
a) Qu'un jour, ils reviendront créer des ennuis à Chima.
b) Qu'un jour, ils reviendront sauver Chima.
c) Qu'un jour, ils reviendront boire toute l'eau de Chima.

10. Quelle est la source d'énergie des véhicules des tribus ?
a) L'énergie du CHI
b) L'énergie solaire
c) Les muscles de leurs pilotes

RÉPONSES

Page 9:

Pouvoir déchaîné

Faux. Seules les sphères de CHI bleu sont utilisées par les individus, et la couleur de la lueur dépend entièrement des intentions de la créature. Le guerrier intérieur des animaux nobles est bleu, tandis que les animaux malveillants ont une lueur rouge.

Page 21:

Connaître Chima

Faux. Quand ils construisent leurs véhicules, les Crocodiles s'intéressent assez peu à l'apparence : ils font ce qui leur semble naturel. Résultat, les véhicules verts couverts de crocs et d'éléments écailleux puis recouverts de plantes des marais ressemblent beaucoup... à des Crocodiles.

Page 39:

Connaître Chima

Faux. Les jeunes princes, Lion et Crocodile, aimaient jouer autour du Rocher éternel. Laval et Cragger y ont mené bien des faux combats. Le rocher porte des marques qui représentent le nombre de combats que chacun a gagné.

Page 43:

Les Animaux Légendaires

Ni vrai ni faux. On ignore tout de la vie des Animaux Légendaires, parce qu'on ne sait pas vraiment à quoi ressemble la vie dans les Terres Lointaines. Aucun voyageur n'en est jamais revenu. Et puis, tout ce qu'on raconte sur les Animaux Légendaires n'est en soi qu'une légende.

Pages 60-61:

Quiz sur Chima

1. – b, 2. – a, 3. – b, 4. – b, 5. – c,
6. – b, 7. – c, 8. – c, 9. – b, 10. – a.

DÉCOUVRE LES LIVRES LEGO® LEGENDS OF CHIMA™

Tu peux en apprendre encore plus sur les tribus qui vivent dans ce paradis de végétation. Rencontre de nouveaux héros et leurs ennemis, et découvre leurs fascinantes aventures.